AF392983

# LITHOGRAPHIES

—

## CHARLET (R. T.)

471 — La Mort du Cuirassier.
Très-belle épreuve. Rare.

472 — Le Drapeau défendu.
Très-belle épreuve. Rare.

473 — Costumes militaires : *Lith. de C. Lasteyrie.* 12 p. Très-rare. — *Lith. de F. Delpech.* 29 p. Rare. — Chasseur à pied en grande tenue. Rare. Ensemble 42 pièces en un album.

474 — Costumes de la vieille garde. *Lith. de F. Delpech.* 30 Pièces en un album.

475 — Que dit-on? — On ne dit rien. — On dit. — Il faut en rire. — Odry. — Le peintre. — M. Pigeon en grande tenue. — Soyez plutôt maçon. — Pièces tirées d'albums, par Charlet et Bellangé; plusieurs sont sur chine. 56 p. en un album.

476 — Sujets d'albüms. 45 p. en un album.

477 — Sujets d'albums. 31 p. — Autres sujets d'albums pour
1832, par Raffet. 12 p. Ensemble 43 p. en un album.

478 — Sujets d'album. 41 p., la plupart sur chine. — Affaire
du jour à Rome, par Pigal. 12 p. coloriées. Ensemble
53 p. en un album.

## GÉRICAULT (J. L. T. A.)

479 — Mameluck défendant un trompette, blessé à mort sur
son cheval, contre un Cosaque qui arrive au galop.
Très-belle épreuve. Rare.

## PRUDHON (P. P.)

480 — Une Famille malheureuse.
Belle épreuve avant la retouche.

## ROBERT (L.)

481 — Paysan et sa fille endormis; jeune femme assise dans
la campagne. 2 p.
Belles épreuves sur chine.

## VERNET (H.)

482 — Un Album contenant 57 p. de son œuvre lithogra-
phié.
Belles épreuves.

483 — Lettres sur la Suisse, par MM. H. Sazerac et G. Engelmann, accompagnées de vues dessinées, d'après nature et lithographiées, par Villeneuve. Paris, 1823. In-fol., dem. rel.

484 — Choix de vues pittoresques d'Italie, de Suisse, de France et d'Espagne, par le vicomte de Senonnes. In-fol.

485 — Paysages et vues, par Villeneuve, J. Isabey, Gudin, etc. 35 p. en un album.

486 — Antiquités de l'Alsace, par Bichebois et Chapuy. 88 pl. en 1 vol. in-fol., dem. rel.

487 — Album de 88 vues de Suisse, par Villeneuve, sur chine.

488 — Album contenant 39 vues, par E. Isabey et Michallon, en épreuves sur chine.

489 — Vues du royaume de Naples, d'après L. Coignet, par Tirpenne et Villeneuve. In-fol. obl.

490 — Environs de Paris. — Croquis du cours de la Tamise. par Monthelier et Tirpenne. 34 pl. en un album.

# LIVRES A FIGURES

491 — Loges de Raphaël au Vatican, par N. Chapron.

Très-bel exemplaire avant l'adresse de *P. Mariette*, avec grande marge. Pet. in-fol., cart.

492 — La Vie de saint Bruno, peinte par E. Lesueur et gravée par F. Chauveau. 22 pl. et le frontispice. In-fol. veau.

493 — Le Maraviglie de l'art, recueil de 64 petits portraits, gravés par O. Lioni et autres. In-4 veau.

494 — C'est l'ordre qui a été tenu à la nouvelle et joyeuse entrée que tres-hault, tres-excellent et tres-puissant prince, le roy tres-chrestien Henry, deuzieme de ce nom, a faicte en sa bonne ville et cité de Paris, le 16 juin 1549. *On les vend à Paris, par Jehan Dallier, sur le pont Sainct-Michel, par privilege du Roy.* In-4 veau.

495 — Le Imagini delle donne Auguste intagliate in stampa di rame, con le vite, et ispositioni di Enea Vico, sopra i reversi delle loro medaglie antiche. Venise, 1557. In-4, cart.

496 — Promptuarii iconum insignorum a seculo hominum,
subiectis eorum vitis, per compendia ex probatissimis
autoribus desumptis. *Lungdini, apud Gulielmum Rouil-
lium,* 1578 et 1588. 2 part. en 1 vol. in-4, vél.

497 — Musée des monuments français, par Alexandre Lenoir.
Paris, de l'imprimerie de Guilleminet, 1800-1803. 6 vol.
in-8, cart.

198 — Annales du musée et de l'École moderne des beaux-
arts, par C. Landon. — Paysages. 4 vol. — Partie des tableaux. 17 vol. — Galerie Gustiniani. 1 vol. — Salon de
1808. 1 vol. — Salon de 1810. 1 vol. — Salon de 1812.
2 vol. — Salon de 1814. 1 vol. — Salon de 1817. 1 vol.
Ensemble 28 vol., broch., cart.

499 — Musée de sculpture antique et moderne, par le comte
de Clarac. Paris, Victor Texier, 1826-53: 6 vol. de pl.,
gr. in-4, et 6 vol. de texte, gr. in-8, dem. rel., mar. r.

500 — Recueil de 51 planches, gravées par J. J. de Boissieu.
In-fol., obl., cart.

501 — Costumes des xiiie, xive et xve siècles, par Camille
Bonnard. Paris, 1829-30. 2 vol. in-4. fig. sur chine, dem.
rel.

502 — Pompéi et Herculanum, par E. Breton. Paris, Gide,
1855. In-4, dem. rel. *Planches gravées.*

503 — Recueil d'antiquités dans les Gaules, par le comte de
Caylus. In-4.

504 — Recueil de cent sujets de divers genres, composés et gravés à l'eau-forte, par Duplessis Bertaux. Paris, 1814. In-4, obl., cart.

505 — Histoire de l'Enfant prodigue, par Duplessis Bertaux. Paris, 1816. In-4, obl., cart. *Planches gravées.*

506 — OEuvres de Bernard de Palissy, par MM. Faujas de Saint-Fond et Gobert. In-4.

507 — Galerie de l'Hermitage, gravée au trait, d'après les plus beaux tableaux qui la composent, publiée par X. Lavenski. Saint-Pétersbourg, chez Alici, libraire, 1809. 2 vol. in-4, cart., contenant 77 pl. gr.

508 — Gazette des beaux-arts. Années 1860 et 1861 reliées en 7 vol. in-4, dem. rel. Année 1862 en livraisons. 15 livraisons des années 1863, 1864 et 1865.

509 — Recueil de monuments antiques, par Grivaud de la Vincelle. 2 vol. in-4, cart.

510 — Recueil de cinquante sujets d'animaux, gravés à l'eau-forte, par Howitt's. London, 1812. In-4, obl., cart.

511 — Antiquités nationales, par Millin. 5 vol. in-4, cart.

512 — Dictionnaire des antiquités romaines et grecques, par Anthony Rich. *Paris, librairie de Firmin Didot,* 1859. 1 vol. in-8, dem. rel.

513 — Vies de Raphaël et de Michel-Ange, par Quatremère de Quincy. Paris, 1835. 2 vol. in-8, br.

514 — Œuvres de Jean Goujon, par Reveil. Paris, 1844. In-4, dem. rel. *Grand nombre de planches.*

515 — Œuvres du Parmesan, par Reveil. Pet. in-fol., br.

516 — Trésor de numismatique et de glyptique. 1 vol. in fol. série des bas-reliefs et ornements.

517 — Éléments de perspective, par Valenciennes. In-4.

518 — Vies des peintres, sculpteurs et architectes, par G. Vasari, traduites et annotées par Léopold Leclanche. Paris, Just Tessier, 1839. 10 vol. in-8, dem. rel.

519 — Concours décennal, ou Collection gravée des ouvrages de peinture, sculpture, architecture et médailles mentionnés dans le rapport de l'Institut. Paris, chez Filhol et Bourdon, 1812.

520 — Recueil des monuments les plus intéressants du Royal musée Bourbon. Naples, 1825. 80 pl. — Recueil des plus intéressantes peintures d'Herculanum et de Pompéi du Royal musée Bourbon. 120 pl. 2 vol. in-4.

521 — Peintres primitifs; collection de tableaux rapportée d'Italie et publiée par M. de Montor. *Paris, Challamel,* 1843. In-4, dem. rel., fig.

522 — Galerie des antiques, ou Esquisses des statues, bustes et bas-reliefs, fruit des conquêtes de l'armée d'Italie, par Aug. Legrand. *Paris, Renouard,* 1805. In-8, br.

523 — Un Album contenant 102 vues de Paris, 15 vues de France et 5 vues d'Italie. Ensemble 122 p., par Is. Silvestre.

524 — Recueil de 57 paysages, d'après Cl. Lorrain, G. Poussin et autres, gravés par Vivarès.

525 — Description de médailles antiques, grecques et romaines, par Mionnet. Paris, 1808. In-8, br. *Nombre de planches gravées.*

526 — De la rareté et du prix des médailles, par Mionnet. Paris, 1827. 2 vol. in-8, br.

527 — Traité élémentaire de numismatique ancienne, par Gérard Jacob. Paris, 1825. 2 vol. in-8, dem. rel.

528 — Manuel de numismatique, par Hennin. Paris, 1830. 2 vol. in-8, dem. rel.

# CATALOGUES

ET

# OUVRAGES SUR LES ESTAMPES

529 — BARTSCH. — Le Peintre-Graveur. Vienne, 1803-21 ; 21 vol. in-8, dem. rel. veau. *Planches.*

530 — Catalogue raisonné de toutes les estampes qui forment l'œuvre de Rembrandt et ceux de ses principaux imitateurs. Vienne, 1792 ; 2 vol. in-8, dem. rel.

531 — HELLE ET GLOMY. — Catalogue raisonné de toutes les pièces qui forment l'œuvre de Rembrandt. Paris, 1751 ; in-12, veau.

532 — R. DUMESNIL. — Le Peintre-graveur français. Paris, 1835-1850. 8 vol. in-8, dem. rel.

533 — PAPILLON. — Traité historique et pratique de la gravure en bois. Paris, 1766 ; 2 vol. in-8, dem. rel. *Portraits et figures.*

534 — HECQUET. — Estampes gravées, d'après P. P. Rubens, Paris, 1751 ; in-8, br.

535 — **Christ**. — Dictionnaire des monogrammes, chiffres,
lettres, initiales, logogryphes, rébus, etc. Paris, 1762;
in-8, dem. rel. *Planches de monogrammes.*

536 — **Heineken**. — Idée générale d'une collection complète
d'estampes. Leipzig et Vienne, J. V. Kraus, 1771 ; in-8,
veau. *Planches fac-simile et nombre de figures.*

537 — **Watelet**. — Dictionnaire des arts de peinture, sculpture et gravure. Paris, Prault, 1792. 5 vol. in-8, cart.

538 — **Huber et Rost**. — Manuel des curieux et des ama-
teurs de l'art, contenant une notice abrégée des principaux
graveurs, et un catalogue raisonné de leurs meilleurs
ouvrages. Zurich, 1797 ; 8 vol. in-8, dem. rel.

539 — **Jansen**. — Essai sur l'origine de la gravure en bois
et en taille douce et sur la connaissance des estampes
des xve et xvie siècles, où il est parlé aussi des cartes à
jouer, sur les miniatures des anciens manuscrits. Paris,
1808 ; 2 vol. in-8, dem. rel. *Orné de 18 planches, fac-
simile d'estampes anciennes.*

540 — **Basan**. — Dictionnaire des graveurs. Paris, 1809 ;
2 vol. in-8, dem. rel. *Planches gravées.*

541 — Dictionnaire des monogrammes, par F. Bruliot. Mu-
nich, 1832 ; 2 vol. in-4, dem. rel.

542 — **Brunet**. — Manuel du libraire. Paris, 1820 ; 4 vol.
Supplément au Manuel du libraire. Paris, 1834 ; 3 vol.
Ens., 7 vol. in-8, cart.

543 — JOUBERT. — Manuel de l'Amateur d'estampes. Paris, 1821 ; 3 vol. in-8, dem. rel. *Planches de monogrammes.*

544 — CH. BLANC. — Le Trésor de la curiosité. Paris, 1858 ; 2 vol. in-8, broché.

545 — DUCHESNE. — Voyage d'un iconophile. Paris, 1834 ; in-8, dem. rel.

546 — Catalogue raisonné des différents objets de curiosités dans les sciences et les arts, qui composaient le cabinet de feu M. Mariette, par Basan. Paris, 1775 ; in-8, cart. *Titres par Moreau et Cochin, planches gravées.*

547 — Description des tableaux du Palais-Royal, dédié à Monseigneur le duc d'Orléans. Paris, 1787 ; in-8, veau.

548 — Description des objets d'art qui composent le cabinet de feu le baron Denon. Paris, 1826 ; 3 vol. in-8, dem. reliure.

549 — Cabinet de Paignon-Dijonval. État détaillé et raisonné des dessins et estampes dont il est composé, rédigé par Bénard. Paris, Huzard, 1810 ; in-4, br.

550 — Catalogues des collections d'estampes Durand, Poggi, Debois, Delessert et autres, en 1 vol. in-8, dem. rel.

551 — Catalogue de la collection d'estampes anciennes provenant du cabinet de M. H. de L. (de Lasalle). Paris, 1856 ; in-4, br.

552 — Catalogues des collections d'estampes Saint-Yves, duc d'Ursel, Prevost, Silvestre, Logette, Rigal, prince Poniatowski et autres, reliés et brochés, seront vendus sous ce numéro.

553 — Sous ce numéro seront vendus plusieurs lots d'estampes non cataloguées.

PARIS — IMPRIMERIE PILLET FILS AINÉ

5, RUE DES GRANDS-AUGUSTINS